Inhalt

Branchenreport MARKETING & WERBUNG Ausgabe 1/2013

Branchenreport MARKETING & WERBUNG Ausgabe 1/2013

Anja Schneider

Kernthesen

- Der deutsche Werbemarkt vermeldete trotz Euro-Krise für 2012 brutto ein Plus.
- Für die meisten Agenturen lief 2012 besser als erwartet. Auch für 2013 geben sie sich optimistisch.
- Die digitalen Medien werden 2013 weiter zulegen, die Printmedien verlieren.
- Der Handel zeigte sich bei der Werbung auf 2012 am spendabelsten, doch Automobil verringerte den Abstand deutlich.

Beitrag

Werbemarkt in Deutschland: 2012 stabil, Ostern rettet erstes Quartal 2013

Inmitten der Krise im Euroraum ist der deutsche Werbemarkt mit einem blauen Auge davongekommen. Laut Werbemarktforscher Nielsen kletterten die Werbeausgaben der Unternehmen in Deutschland von 2011 auf 2012 um bescheidene 0,9 Prozent auf 26,2 Milliarden Euro - brutto, wohlgemerkt, netto dürfte die Bilanz weniger gut ausfallen. Zur Erinnerung: Für 2011 hatten die Marktbeobachter noch ein Plus von 3,5 Prozent zu melden. Der Zentralverband der deutschen Werbewirtschaft ZAW kommt für 2012 aufgrund anderer Berechnungsgrundlagen auf einen Umsatz von 29,68 Milliarden Euro für die Produktion von Werbemitteln, die Verbreitung von Werbebotschaften sowie für Personal. Das entspricht gegenüber 2011 einem Minus von 0,8 Prozent. Auf die vom ZAW als Werbeträger erfassten Medien entfällt ein Umsatz von netto 18,35 Milliarden Euro. (1), (2)
Das neue Werbejahr fing bescheiden an. Januar und Februar endeten mit einem Rückgang der

Werbeausgaben im Vergleich zu den Monaten des Vorjahres. Dann kam zum Glück das Osterfest und rettete der Branche das Geschäft. Dank österlicher 50,6 Millionen Euro Werbeausgaben konnte der Werbemarkt am Ende des ersten Quartals 2013 mit dem Vorjahresquartal zumindest haarscharf mithalten (sechs Milliarden Euro, minus 0,1 Prozent). Für das Gesamtjahr 2013 hält sich der Optimismus der Branche in Grenzen. Der Zentralverband der Deutschen Werbewirtschaft (ZAW) rechnet damit, dass der Branchenumsatz 2013 etwas geringer ausfallen wird als 2012. (3), (4)

Werbemarkt international: Wächst dank der Schwellenländer und Online

Laut aktuellem Global Adview-Bericht von Nielsen sind 2012 die weltweiten Werbeaufwendungen um drei Prozent auf rund 427 Milliarden Euro gestiegen. Der weltweit größte Werbemarkt sind die USA; mitsamt der Konjunktur ging es dort auch aufwärts mit der Werbung - um fünf Prozent legte sie zu. Die fünf weltgrößten Werbungtreibenden sind laut Nielsen Procter & Gamble, Unilever, LOréal, Ford und General Motors. (5)

Die Marktauguren legen für die Entwicklung des

globalen Werbemarkts deutlich mehr Optimismus an den Tag als für den europäischen und deutschen. Die Mediaagenturgruppe Zenith Optimedia stellt für das laufende Jahr ein globales Wachstum von 3,9 Prozent in Aussicht. Bis 2015 sollen es sogar 5,6 Prozent sein. Doch auch den etablierten Märkten in Westeuropa und Nordamerika macht die Agentur Hoffnung: 2015 soll auch ihr Wachstum immerhin schon bei 3,5 Prozent angelangt sein. Als internationale Wachstumstreiber gelten die Regionen Lateinamerika, Osteuropa und Asien sowie die Gattung Onlinewerbung. (6)

Europas größte Werbemärkte sind Deutschland und Großbritannien. Magna Global stuft den deutschen Werbemarkt im europäischen Vergleich als robust ein und hat die Wachstumsprognose für 2013 von 0,8 auf 1,2 Prozent nach oben verbessert. Kräftigeres Wachstum wird mit plus 1,9 Prozent nur für Großbritannien veranschlagt. Stärker abwärts als erwartet geht es mit Spanien, Italien und Frankreich. Im vergangenen Jahr legten vor allem Norwegen und die Türkei zu. Als Wachstumstreiber hat Magna Global die Branchen Telekommunikation und Technologie-/Elektronik identifiziert. International tätige Konzerne kürzen deutsche Werbebudgets, um Ergebnisverluste in anderen europäischen Ländern auszugleichen. Sie verlagern Budgets in die aufstrebenden BRIC-Staaten, der Rabattdruck in Deutschland steigt. (7), (8), (9)

Mediengattungen: Online ist Wachstumssieger, Print im Sinkflug

Gemessen am Bruttoumsatz liegt TV-Werbung auf Platz eins, die Tageszeitungen auf Platz zwei und die Publikumszeitschriften auf Platz drei. Dahinter folgen Online, Radio, Plakat, Fachzeitschriften und Kinowerbung. Die Entwicklung der einzelnen Mediengattungen verlief 2012 unterschiedlich. Erwartungsgemäß legte Online erneut zweistellig zu um 17,3 Prozent auf rund 2,9 Milliarden Euro Bruttoumsatz. Auch die Fernsehwerbung konnte am Jahresende mit einem leichten Plus von zwei Prozent aufwarten und erreichte 11,3 Milliarden Euro. Die öffentlich-rechtlichen Sender ARD und ZDF profitierten von der Vermarktung der Sport-Highlights Fußball-Euro 2012 und Olympische Sommerspiele in London. Das ZDF Werbefernsehen meldet gar einen überdurchschnittlichen Zuwachs um 5,2 Prozent gegenüber Vorjahr und daraus resultierend ein Zehn-Jahres-Hoch mit geschätzt gut 200 Millionen Euro an Bruttowerbeumsatz. Prima lief es für die Radiowerbung. Sie legte um 6,1 Prozent zu und lag bei 1,5 Milliarden Euro. Auch die Kinowerbung war gefragt. Sie wuchs sogar zweistellig um 10,5 Prozent auf ein - freilich vergleichsweise niedriges - Erlösniveau von 108 Millionen Euro. Stabil behauptete sich das Plakat als Werbeträger. Mit einem kleinen Plus von 0,4 Prozent blieb es bei knapp 1,3 Milliarden Euro. Düster sah es hingegen bei den Zeitungen und Zeitschriften aus; ihre Werbeeinnahmen blieben auch 2012 im vorhergesagten Sinkflug: minus 6,6 Prozent hieß es am Ende für die Tageszeitungen bei 5,04 Milliarden Euro Bruttoerlösen, minus 4,3 Prozent für die Publikumszeitschriften bei 3,57 Milliarden Euro und minus 0,7 Prozent für die Fachzeitschriften bei 416 Millionen Euro. Die Financial Times schied aus dem Markt aus, der Stern musste gegenüber Wettbewerber Spiegel massiv Werbefedern lassen, für "BamS" und "Brigitte" lief es schlechter, besser schlugen sich Die Zeit, Focus und vor allem Grazia. (10), (11), (12)

Agenturen: Höheres Gross Income, bessere Rendite, großer Optimismus

Die im Gesamtverband Kommunikationsagenturen (GWA) organisierten Werbeagenturen steigerten 2012 ihr Gross Income um durchschnittlich 5,4 Prozent. Die durchschnittliche Umsatzrendite der Agenturen lag bei 10,5 Prozent und war damit etwa ein Prozent besser als im Vorjahr. Klar erkennbar ist der Trend zur Projekthonorierung: Bei den Agentureinnahmen bildeten im vergangenen Jahr Projekthonorare mit 52 Prozent den Löwenanteil. Immer wichtiger wird es demzufolge, dass eine Agentur betriebswirtschaftlich gut geführt, Personal klug disponiert und frühzeitig Akquisearbeit für neue Projekte und Anschlussaufträge geleistet wird. Als größtes Wachstumsfeld identifiziert das Gros der Agenturen erneut den Digitalbereich. Für das laufende Jahr 2013 rechnen die GWA-Mitglieder - vielleicht zu optimistisch - mit einem durchschnittlichen Umsatzwachstum von 5,6 Prozent. (13), (14), [Abb. 1]

Ranking: Serviceplan einsame Spitze bei inhabergeführten Agenturen

Der von den unabhängigen, inhabergeführten Agenturen betreute Markt erhöhte sich laut dem Ranking der Arbeitsgemeinschaft Rangliste von 2011 auf 2012 um 5,5 Prozent auf 844,2 Millionen Euro. Klare Nummer eins des Rankings ist und bleibt die Agenturgruppe Serviceplan mit 741 Millionen Euro. Mit rund hundert Millionen Euro weniger liegt Jung von Matt (JvM) jetzt auf dem zweiten Platz; das Wachstum lag bei zehn Prozent. Auf den dritten Platz abgerutscht ist Media Consulta mit einem Gross Income von 46,6 Millionen Euro; der hohe Umsatzrückgang um 40 Prozent erklärt sich dadurch, dass das gut laufende internationale Geschäft nicht über die Berliner Zentrale, sondern über die Auslands-Hubs abgerechnet wurden und somit für das deutsche Ranking nicht erfasst wurde. Von den Top Ten meldeten gleich acht Agenturen ein zweistelliges Umsatzplus. Am höchsten lag die Berliner Agentur Aperto, die 2012 mit 23 Prozent ähnlich stark zulegen konnte wie 2010 (plus 28,9 Prozent). Auf Anhieb unter die Top 10 schaffte es die Medienfabrik Gütersloh, die sich erstmals listen ließ. (14), (15), [Abb. 2]

Personal: Weniger Stellenangebote, jedoch digitale Experten gesucht

Die Zahl der Stellenangebote für Kommunikationsexperten sinkt. Dies gilt seit drei Jahren bereits für die Medien (zuletzt minus 21 Prozent) und die werbungtreibenden Unternehmen (zuletzt minus 27 Prozent), 2012 reduzierten auch die Werbeagenturen ihre Angebote (minus neun Prozent). Der letzte Höchststand an Stellenangeboten war im Jahr 2008; im Zehnjahresrückblick hat sich die

Zahl der Stellenangebote in der Werbebranche verringert. [Abb. 3]
Gesucht werden allerdings Fachkräfte für Strategie, Media und Internet, am allermeisten gebraucht werden Digital-Spezialisten. Derzeit zählen etwa 42 Prozent der Arbeitsplätze in der kommerziellen Kommunikation zur Digitalwirtschaft: Von den insgesamt rund 936 000 Arbeitnehmern, die in den Kernbereichen (Werbungtreibende/Agenturen/Medien) sowie in Zulieferbetrieben (Industriezweige wie Druck und Papier) beschäftigt sind, ordnet der ZAW 390 000 der Digitalwirtschaft zu. (16)

Branchen: Handel und Automobil Kopf an Kopf

Welche Branchen gaben 2012 am meisten Geld für Werbung aus? Im Nielsen-Ranking belegt der Handel erneut den ersten Platz. Er gab 1,7 Milliarden Euro für Werbung aus, verringerte allerdings wie auch im Vorjahr seinen Werbedruck und investierte 12,5 Prozent weniger. Stärkster Werber war Konsumgüterhersteller Procter & Gamble. [Abb. 4]
Die gegenläufige Strategie fuhren die Automobilhersteller. Sie gaben werbemäßig Gas und erhöhten ihre Werbeausgaben um 7,4 Prozent auf 1,65 Milliarden Euro. Vor allem VW investierte kräftig.

Interessant ist auch der Blick auf die E-Commerce-Werbung: Mit 760 Millionen Euro investierten die Unternehmen ein Drittel mehr als im Vorjahr. Suchmaschinen, Communitys und Vergleichsportale erhöhten immerhin um 3,6 Prozent auf 954 Millionen Euro. (1)

Trends

Image: Auffällig ist, dass die Unternehmen in der derzeitigen konjunkturellen Krisenzeit viel Werbegeld für Imagewerbung ausgeben. Im Jahr 2012 flossen mit rund 660 Millionen Euro ganze 31 Prozent mehr in Image- anstatt Produktwerbung. (1)

Mobil: Die Werbebranche hofft auf den längst prophezeiten Durchbruch des Mobile Advertising. (17)

Online: Die Online-Werbung war 2012 der Wachstumssieger in Sachen Werbung und wird es auch 2013 wohl wieder werden. Weltweit wurden für digitale Werbung 2012 erstmals mehr als hundert Milliarden US-Dollar ausgegeben, ermittelte Marktforscher eMarketer. Das Wachstum betrug damit 17,8 Prozent. Für das laufende Jahr wird ein etwas geringeres Umsatzplus von weiteren 15,1 Prozent in Aussicht gestellt. (6), (18)

Content: Content Marketing gilt als ein Hype-Thema in der Branche und mit ihm die verwandten Themen und Bezeichnungen Owned Media, Earned Media und Paid Media. (19), (20)

Zahlen & Fakten

Abbildung 1: Projekthonorare legen zu

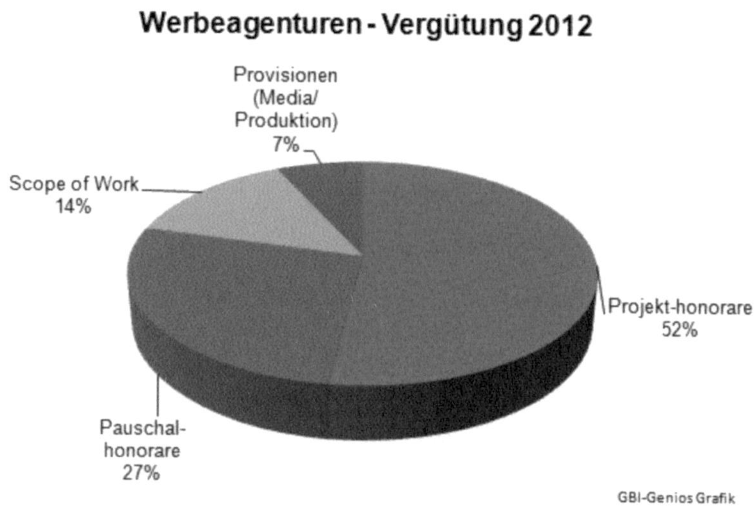

Quelle: GWA Entnommen aus: Horizont 17/2013 (21)

Abbildung 2: Die größten inhabergeführten Werbeagenturen 2012

Rang 2012	Rang 2011	Unternehmen	Gross Income 2012 in Mio Euro	Veränderung zum Vorjahr
1	1	ServiceplanGroup, München	174,16	7,80%
2	3	Jung von Matt, Hamburg	78,09	10,10%
3	2	Media Consulta, Berlin	46,65	-40,30%
4	4	Dialogfeld, Nürnberg	38,51	18,30%
5	5	Fischer-Appelt, Hamburg	35,15	10,50%
6	6	Hirschen Group, Hamburg	30,09	10,50%
7	-	Medienfabrik, Gütersloh	27,10	22,20%
8	8	Aperto, Berlin	26,12	23,10%
9	7	Kolle Rebbe, Hamburg	25,16	13,70%
10	10	Thjnk, Hamburg	21,50	10,70%

Quelle: Arbeitsgemeinschaft Rangliste (Horizont/W&V) Entnommen aus: Horizont, 17/2013, S. 17 (15)

Abbildung 3: Jetzt auch Werbeagenturen auf der Personalbremse

Entwicklung der Stellenangebote in der Werbebranche	2012	2011	2010		2008	2001

Werbeagenturen	3630	3968	3558	3776	3457
Medien	459	579	766	833	1049
Werbungtreibende Firmen	221	302	346	653	1540
Offerten insgesamt	**4310**	**4849**	**4670**	**5262**	**6046**

Quelle: Zentralverband der deutschen Werbewirtschaft ZAW Entnommen aus: Horizont 8/2013 (16)

Abbildung 4: Top 10 werbungtreibende Unternehmen 2012

Rang	**Unternehmen mit Sitz**	**Ausgaben 2012 in Mio. Euro**	**Veränderung zum Vorjahr**
1	Procter & Gamble, Schwalbach	536,6	1,20%
2	Ferrero, Frankfurt	409,2	0,60%
3	Media-Saturn-Holding, Ingolstadt	372,8	-9,70%
4	LOréal, Düsseldorf	348,8	0,20%
5	Axel Springer, Hamburg	323,8	1,20%
6	Unilever, Hamburg	285,8	-11,20%
7	Volkswagen, Wolfsburg	249,3	5,90%
8	Lidl, Neckarsulm	233,1	1,20%
9	Telekom Deutschland, Bonn	216,1	7,20%
10	McDonalds, München	203,9	11,20%

Quelle: Nielsen Entnommen aus: Horizont 4/2013 (1)

Weiterführende Literatur

(1) Gerade mal noch so geschafft
aus Horizont 04 vom 24.01.2013 Seite 026

(2) Schwaches Jahr 2012, aber wachsende Stabilität - Werbemarkt: Licht im Tunnel?
aus Horizont 04 vom 24.01.2013 Seite 026

(3) Ein Hase als Retter
aus Horizont 17 vom 25.04.2013 Seite 021

(4) Werber befürchten Klimaabkühlung
aus werben & verkaufen Nr. 02 vom 07.01.2013, S. 24 - 26

(5) Werbeklima verbessert sich
aus Der Kontakter Nr. 06 vom 07.02.2013, S. 30

(6) Weltweiter Werbemarkt wächst
aus Horizont 18 vom 02.05.2013 Seite 008

(7) werbeaufwendungen steigen um drei prozent
aus Der Kontakter Nr. 17 vom 25.04.2013, S. 30

(8) Deutschland hält sich wacker
aus Horizont 12 vom 21.03.2013 Seite 008

(9) Spendings fließen spärlicher
aus Horizont 15 vom 11.04.2013 Seite 013

(10) Nielsen: Werbemarkt 2012 schrammt knapp am Minus vorbei
aus W&V Online-Magazin vom 17.01.2013

(11) Das Jahr in 140 Zeichen: So schlecht war #2012 dann doch nicht....
aus W&V Online-Magazin vom 18.12.2012

(12) BRUTTO-WERBEUMSÄTZE 2012: Eine Sternstunde für den "Spiegel"
aus kressreport vom 01.02.2013, Nr. 2, S. 15

(13) Kein Grund zum Jammern
aus Horizont 17 vom 25.04.2013 Seite 004

(14) Weiter im Aufwind
aus werben & verkaufen Nr. 18 vom 29.04.2013, S. 30 - 33

(15) Weiter auf der Überholspur
aus Horizont 17 vom 25.04.2013 Seite 017

(16) Stellenangebot sinkt
aus Horizont 08 vom 21.02.2013 Seite 018

(17) WERBEMARKT 2013 Pay-Modelle bremsen Digital-Wachstum nicht
aus kressreport vom 11.01.2013, Nr. 1, S. 26

(18) 100 Milliarden US-Dollar für weltweite Online-Werbung

aus Kontakter Online vom 10.01.2013

(19) Mehr Geld für Inhalte
aus Horizont 14 vom 04.04.2013 Seite 018 bis 019

(20) Was uns bewegen wird
aus Horizont 49 vom 06.12.2012 Seite 027

(21) Werber sind zufrieden – wie lange noch?
aus Horizont 17 vom 25.04.2013 Seite 001

Impressum

Branchenreport MARKETING & WERBUNG Ausgabe 1/2013

Bibliografische Information der deutschen Nationalbibliothek

Die Deutsche Nationalbibliothek verzeichnet diese Publikation in der deutschen Nationalbibliografie; detaillierte bibliografische Daten sind im Internet über http://dnb.d-nb.de abrufbar.

ISBN: 978-3-7379-1895-4

oder ähnliche Einrichtungen und die Einspeicherung und Verarbeitung in elektronischen Systemen.